Wunderbare Natur

Ein schönes Malbuch für Erwachsene

Anti-Stress

Kh. EL.

Dieses Buch
Gehört

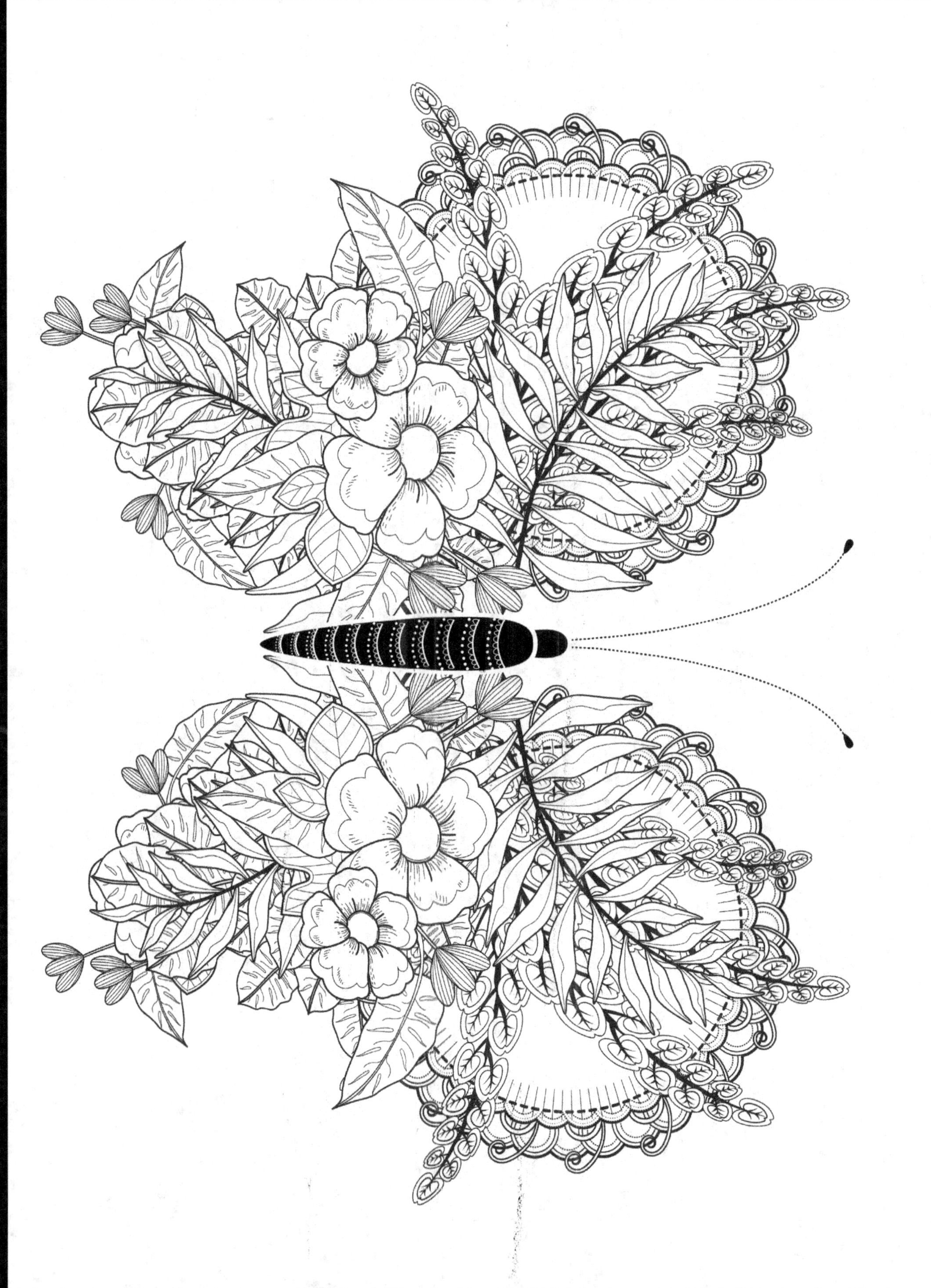

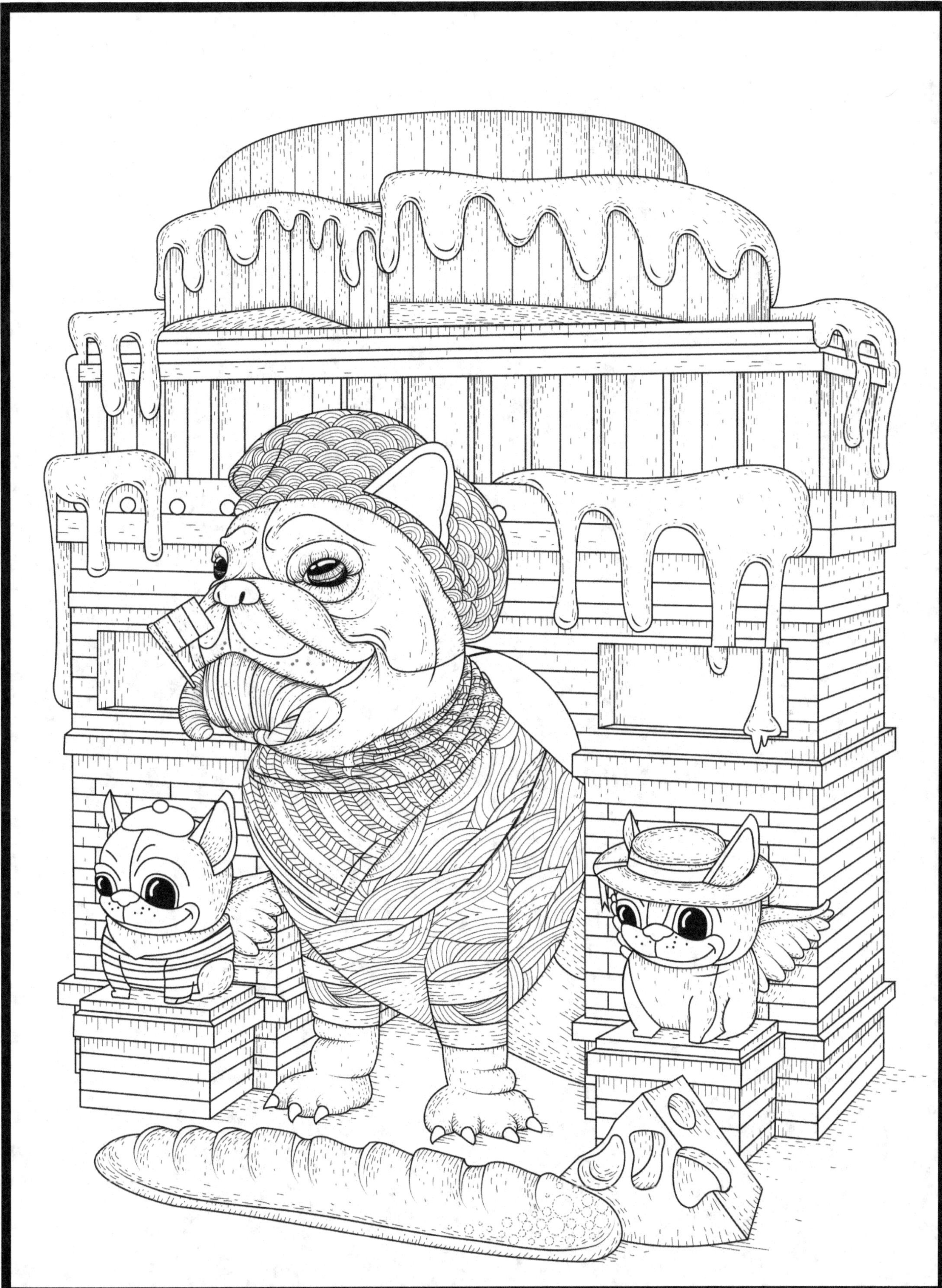

3♥
1♥
5♦

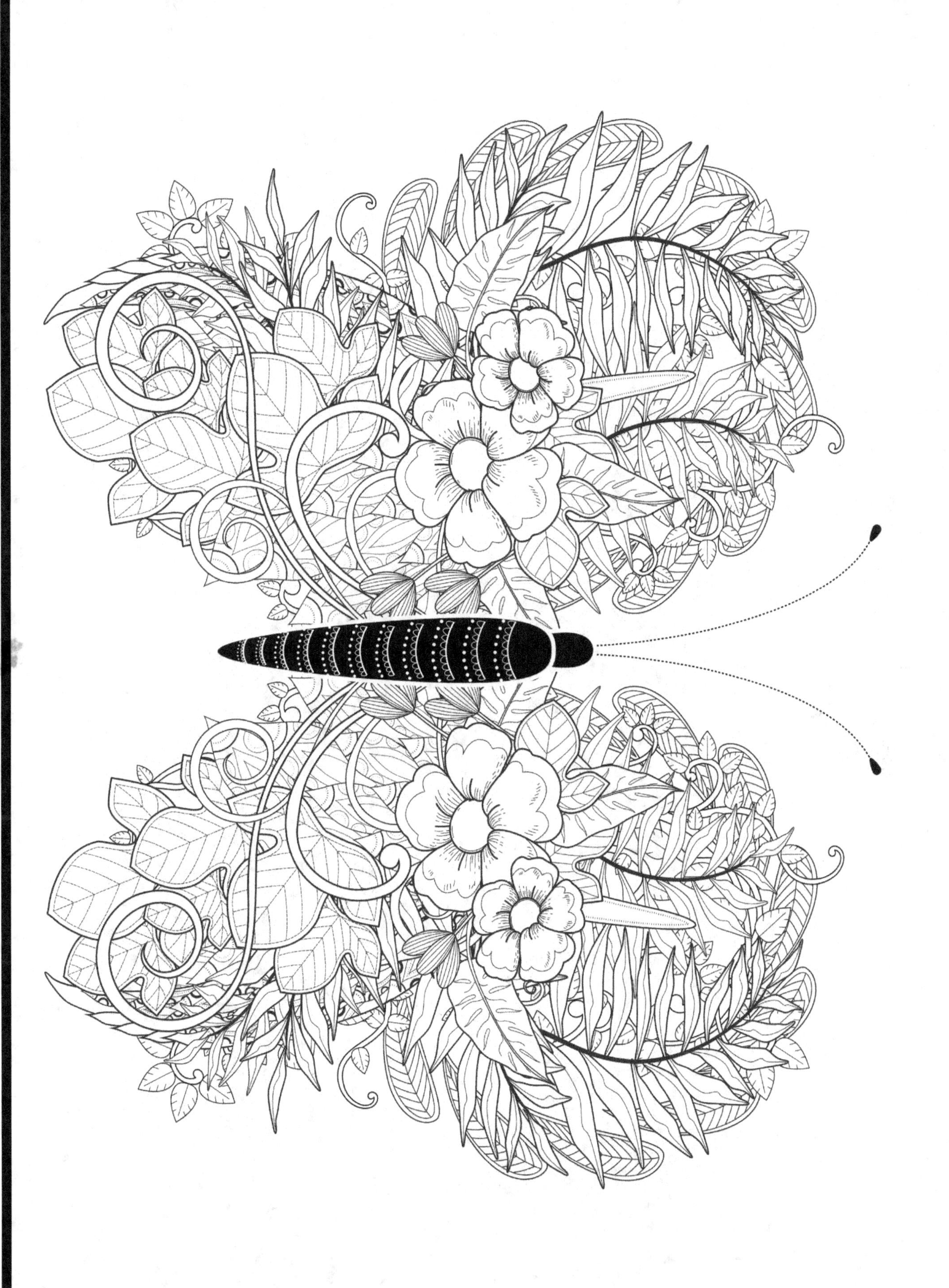

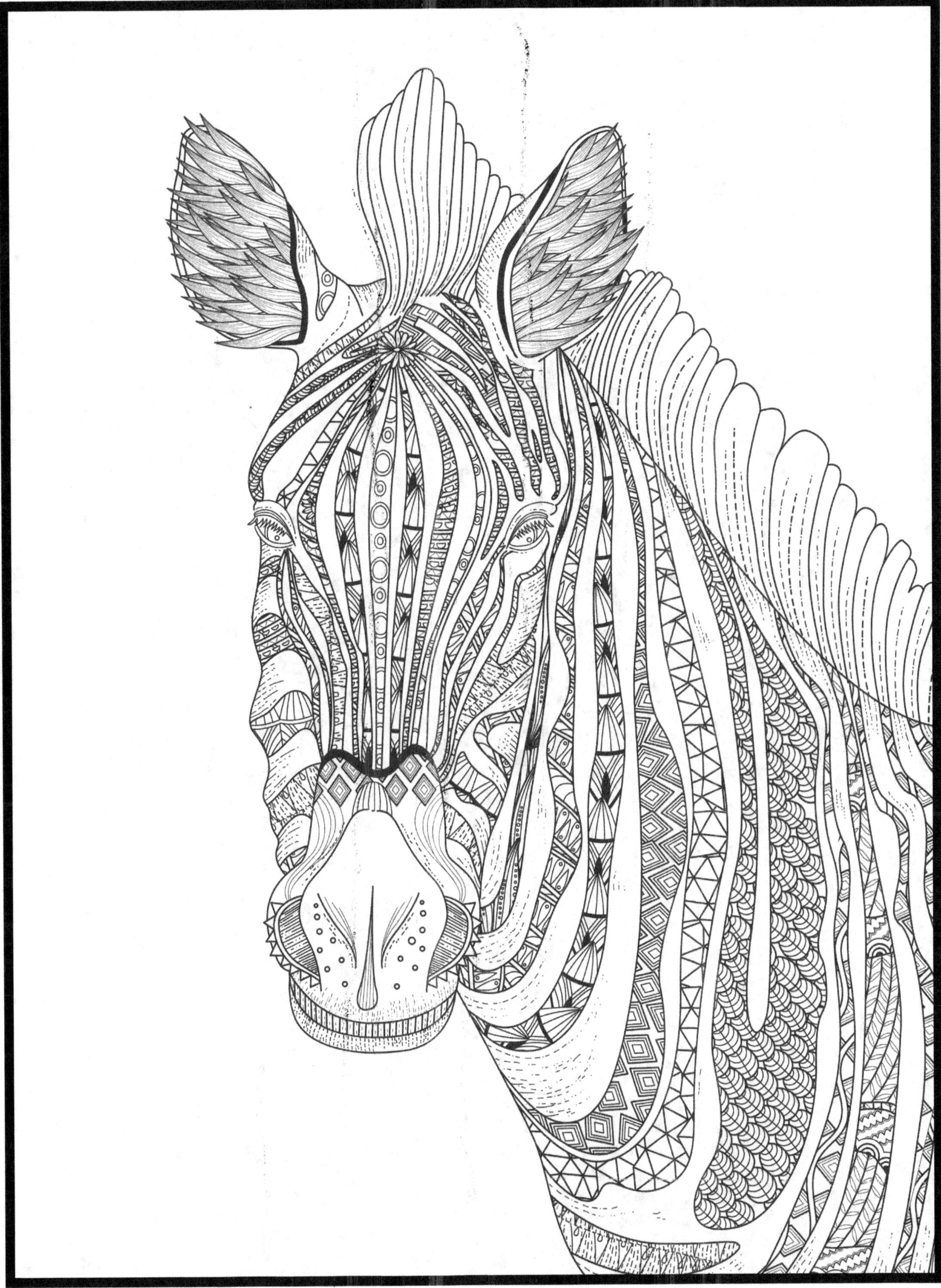

N
W
S

Sie werden auch lieben

Color Maze Press
50 Tiere
Ein Atemberaubendes Malbuch
Für Erwachsene
Anti-Stress
Komplexe Entwürfe

Color Maze Press
Katzen
Ein wunderbares Malbuch
für Erwachsene
Anti-Stress

Color Maze Press
100 Tiere
Ein wunderbares Malbuch
für Erwachsene

Color Maze Press
Pferde
Ein wunderbares Malbuch
für Erwachsene
Anti-Stress

Color Maze Press
Unter dem Meer
Ein Wunderbares Malbuch
für Erwachsene
Anti-Stress

Color Maze Press
Hunde
Ein wunderbares Malbuch
für Erwachsene
Anti-Stress

Color Maze Press
Schmetterlinge
Ein wunderbares Malbuch
für Erwachsene
Anti-Stress

Color Maze Press
Einhörner
Ein schönes Malbuch für
Erwachsene

Color Maze Press
Majestätische Vögel
Ein Atemberaubendes Malbuch
Für Erwachsene
Anti Stress